香江社会救助基金会
Heungkong Charitable Foundation

香江心灵成长计划
CHILD MENTAL HEALTH PROJECT

儿童心理健康活动训练手册

儿童情绪管理

香江社会救助基金会 编著

广东高等教育出版社
Guangdong Higher Education Press
·广州·

图书在版编目（CIP）数据

儿童情绪管理 / 香江社会救助基金会编著. -- 广州：广东高等教育出版社，2024. 7（2025. 8 重印）. --（儿童心理健康活动训练手册）. --ISBN 978-7-5361-7706-2

Ⅰ. B842. 6 – 49

中国国家版本馆CIP数据核字第2024U4W311号

ERTONG QINGXU GUANLI

出版发行	广东高等教育出版社 地址：广州市天河区林和西横路 邮编：510500　电话：（020）87554153 网址：www.gdgjs.com.cn
印　　刷	广州市新思程印刷有限公司
开　　本	890 mm × 1240 mm　1/16
印　　张	2.5
字　　数	42 千
版　　次	2024 年 7 月第 1 版
印　　次	2025 年 8 月第 2 次印刷
定　　价	18.00 元

编委会

前言

可爱的孩子：

这是你的成长绘本，这与其他绘本不同，你将通过绘画等方式表达自己的想法和感受，这是你的第一本作品书。

你不需要用任何特殊技能来填充页面内容。只需根据你的第一印象，用线条、形状和颜色把你脑海中的画面绘画下来。

从第一页开始，按顺序进行创作，如遇到你不会的文字或不明白的内容，你可以向大人提问。

当你已经做了几页，请停下来，与关心你的家人、老师、朋友分享你的作品。

我希望你在创作这本作品书的过程中找到乐趣，当你与大家分享你的想法和困难时，你将会理解情绪是什么，以及发展健康的情绪管理技能。

教师签名：________________

目 录

烦恼

抱怨

苦闷

愤怒

高兴

有希望

敌视

自信

低落

积极

悲伤

担心

好奇

满足

紧张

自豪

失望

感激

痛苦

愉快

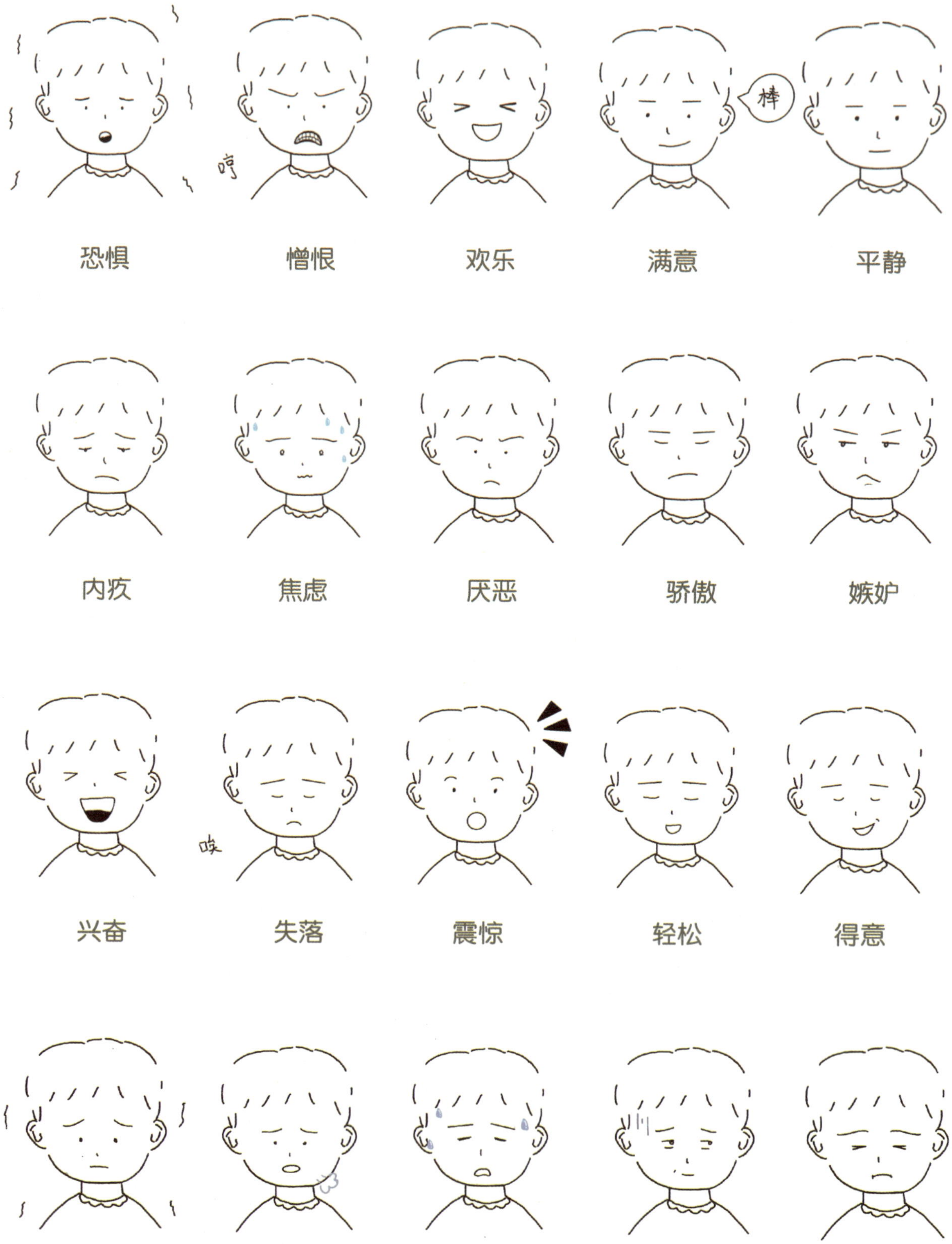
恐惧
哼
憎恨
欢乐
棒
满意
平静
内疚
焦虑
厌恶
骄傲
嫉妒
兴奋
唉
失落
震惊
轻松
得意
胆怯
无奈
疲累
尴尬
纠结

第一课
认识情绪

情绪大词典

生活中，我们经常能体验到不同的情绪，请你根据教师的讲解，仔细观察和体验自己的情绪以及情绪表现方式，并将它记录下来。

	喜：开心、高兴、愉快	怒：生气、愤怒	哀：伤心、难过	惧：恐惧、紧张、焦虑
面部表情				
肢体动作				

多彩的情绪

情绪是丰富多样的，不同的颜色代表不同的情绪。
请用油画棒画一画这些颜色。

黄色：代表（　　　　　　　　）

红色：代表（　　　　　　　　）

紫色：代表（　　　　　　　　）

蓝色：代表（　　　　　　　　）

黑色：代表（　　　　　　　　）

绿色：代表（　　　　　　　　）

橙色：代表（　　　　　　　　）

棕色：代表（　　　　　　　　）

灰色：代表（　　　　　　　　）

白色：代表（　　　　　　　　）

颜色是情绪的外显，不同颜色代表不同的情绪，现在请你跟随教师的脚步，在下一页制作一个属于自己的情绪调色盘。

我的情绪调色盘

请画下一个自己喜欢的图形作为调色盘，然后运用颜色表达最近两周各种情绪占据的比例（在你生活中占据多少时间）。

每个人对情绪的认识是不同的，我们可以通过制作情绪调色盘察觉自己最近生活中的情绪体验。

情绪小故事 1

铃
怎么停电了!
你怎么会想到给我糖果?
我看你一直愁眉苦脸，应该有心事。所以想给你送糖果。
糖有让你心情好点吗?
其实，每天多想点开心的事，做点有意义的事，就能让你有更多收获……
其实，一点点心意，有时足够带给别人温暖……
有幸遇见你，无比地开心，感谢你带来的温暖……

第二课 丰富多样的情绪

情绪小侦探

有很多词语可以表达我们的情绪，下面就是其中一些。我们学习了什么是积极情绪、什么是消极情绪之后，请你把这些表达情绪的词语进行归类，填入对应方框中。

抱怨	苦闷	愤怒	高兴	厌恶	敌视
自信	低落	积极	向上	乐观	担心
内疚	好奇	满足	紧张	轻松	胆怯
自豪	骄傲	恐惧	憎恨	愉快	欢乐
满意	平静	悲伤	烦恼	感激	痛苦

积极情绪

消极情绪

情绪连连看

情绪无好坏之分，一般只划分为积极情绪、消极情绪。
请你根据自己对各种情绪的理解，给下面情绪词进行连线分类。

高兴
沮丧
着急
郁闷
轻松
伤心
害怕
兴奋
焦虑
开心

积极情绪

消极情绪

想一想、写一写，在什么情绪状态下，你的学习状态更好？

变脸术

请用铅笔在同一个圆里画出高兴和悲伤的表情。

情绪气球

每一种情绪都有不同程度的强弱，快乐、生气、害怕、紧张，这些都会让情绪气球充气，越胀越大，请回想一件令你的情绪气球快要爆炸的事情，画出它充气的样子，并给气球上色，完成后，再写一写你是如何缓解的。

缓解的方法

请你闭上眼睛，选择一个最近发生的情绪事件，想象它变成一个气球的样子，然后把它的形状、大小、颜色画出来。

情绪小故事 2

图图有一只心爱的小熊，是她奶奶送给她的。
一天，小熊被扯坏了……
找不到扯坏的人……
气炸了
!!
回到家后
妈妈很奇怪，为什么她会闷闷不乐。
接着，她看到了小熊，明白了。
第二天
图图收到了一只修复如初的小熊，小熊还穿上了漂亮的裙子，更加好看了。
图图来到学校，发现她的好朋友在等她。
我昨天看到你的小熊坏了，我奶奶会做小熊，我向她学了，拿给你，这样你就不会难过了。
后来，图图和好朋友交换了小熊，一起开心地玩着。小熊也成了友谊的证明。
回到家
图图看到父母又吵架，很难过，叫了外婆过来帮忙。
经过外婆的调解，父母沟通好了，停止了争吵。
周末，图图父母为了缓解一周的不愉快的心情，一家人出去游玩。

第三课
面对生气我有办法

我的生气触发器

下面哪些事情会令你感受到生气，请在圆圈中打“√”。
使用一个“√”表示“有时”，两个“√”表示“经常”。

- 害怕危险（如：被迫推到一个危险的处境）
- 受到伤害（如：没有理由地被打、推）
- 被戏弄或被欺负（如：在学校被同学欺负）
- 没有得到自己想要或需要的东西（如：父母没能买自己很想要的东西）
- 为要取得好的学习成绩而感到压力（如：达不到父母要求的成绩）
- 某人或某物的损失、丢失（如：自己很心爱的玩具被弄坏）
- 不被允许做某事（如：被要求不能玩手机、看电视）
- 被迫要求怎么做（如：被赶回房间写作业）
- 家里的琐事（如：父母要求做家务）
- 语言中伤（如：被同伴用不文明的话语攻击）
- 被朋友拒绝（如：朋友拒绝和我一起玩）
- 不被重视、被偏见对待（如：在学校不被老师看重）
- 其他：

生活中，可能有许多事情会触发你生气的情绪，而我们需要找到可以缓解生气情绪的秘诀。

我生气的样子

想一想，你生气的时候会发生什么变化？
请根据你的实际情况，圈出符合你的变化。

我知道我开始生气了：

- 我的呼吸变化（如：呼吸变得急促）
- 我的心开始沉重（如：闷闷不乐、生闷气）
- 我的身体感到发热（如：脸发烫）
- 我会紧紧闭住我的嘴或握紧拳头（如：想要挥拳打人）
- 我想大喊、踢东西或打人（如：大声喊叫、骂人）
- 我想哭（如：感到十分委屈想大哭）
- 我的头感觉会爆炸（如：怒发冲冠）
- 其他：

画一画，我生气时候的样子：

当我们生气的时候，我们的身体可能会发生某种变化，而当这种变化出现时，我们就需要格外注意啦。

学会宣泄

消极情绪每时每刻都影响着我们的生活。
我们不能消灭它，但我们可以学会控制它。

- 我可以做一些自己喜欢的事情转移注意力，例如唱歌、看书、看电视，或者寻找解决的方法。
- 我可以找个合适的时间、地点大声喊出来。
- 我可以向家人、老师、朋友说出自己内心的想法。
- 我可以通过合理的运动，比如跑步、跳绳等释放内心的情绪。
- 我可以转换角度或者与对方换位思考，从积极的角度去看待这件事情。
- 我可以：

当我们生气时，可以学会宣泄它，积极的情绪可以帮助我们更好地放松和做出更好的选择。

拼贴生气

教师已经带领我们做了一次“拼贴生气”的活动，请你再准备一张白纸，在下一次生气之后，用画笔用力画出来、撕碎它，再拼贴到这里吧！

生气是很正常的，我们每一个人都会生气，最重要的是我们要学会用恰当的方法宣泄我们的情绪，让自己的心情好起来。

情绪小故事 3

我不要吃青菜！
你啊！什么时候才能长大……
好了！我知道错了，行了吧！
诶，我想给你讲个故事……
好啊！
这是一个名为《拔下生气钉》的故事，故事讲了一个爱生气的男孩，很喜欢发脾气，于是他父亲给他一袋钉子，让他生气时去院子的木门上钉一颗，后来，小男孩一生气就去钉一颗钉子，时间久了，他发觉控制脾气比钉一颗钉子容易，他便跑去告诉他父亲，他父亲告诉他，如果他能控制脾气，每天就拔下一颗钉子。等他把所有钉子拔下来后，他发现，原来的伤痕还是在上面，像烙印一样，刻在上面了。
原来的模样
现在的模样
你看，这就像你发脾气一样，这个碗恢复不了原样，而话语伤人，也深深扎在别人的心里。
嗯，明白了，对不起，我不该乱发脾气。
知错能改，善莫大焉。

第四课
乐观有妙招

乐观有方法

困难与挫折总是在所难免，我们不能保证自己永远幸运、永远顺利，但是我们可以学会用乐观的态度面对这些困难和挫折。

- 一件事失败了，我可以允许自己难过一会儿。
- 我可以找同学和老师帮忙，一起找到应对难题的方法，争取下一次不再失败。
- 考试题目很难，我可以告诉自己再坚持一会儿，不放弃作答。
- 和好朋友闹矛盾了，我可以主动找方法跟他和解，不让矛盾继续发展下去。

分享你乐观面对挫折的经验：

想一想，哪些原因可能导致了这件事情的发生？

在这些原因中，哪些是你可以掌控的，哪些是你无法掌控的？

如果以后遇到类似的情况，你会：

乐观并不是认为坏事永远都不会发生，也不是坏事发生了假装它不存在，找到方法应对，并且勇于坚持，这才是真正的乐观。

大家来支招

我们学习了很多应对挫折 / 压力的好方法，除了自己的经验，我们也要和同学们互帮互助。现在，请你邀请五位好朋友给你写下保持乐观的方法与鼓励的话，也请你分别给五位好朋友写下你的经验和祝福。

乐观小卡片

________：

当你遇到麻烦事，你可以________________________________

____

____

你的朋友：________

乐观小卡片

________：

当你遇到麻烦事，你可以________________________________

____

____

你的朋友：________

乐观小卡片

________：

当你遇到麻烦事，你可以________________________________

____

____

你的朋友：________

乐观小卡片

________：

当你遇到麻烦事，你可以________________________________

____

____

你的朋友：________

乐观小卡片

________：

当你遇到麻烦事，你可以________________________________

____

____

你的朋友：________

我的情绪日记

每天都会发生很多令我们出现情绪反应的事情，例如说："今天，妈妈给我买了新鞋子，我感到很开心，可是我刚穿上它，就被别人踩了一脚，我变得很恼火，不过我可以把鞋子擦干净，它又跟新的一样了！"

请你根据自己的实际情况，记录接下来一周的情绪日记吧！

星期一	今天发生了： 我感到：
星期二	今天发生了： 我感到：
星期三	今天发生了： 我感到：

星期四	今天发生了： 我感到：
星期五	今天发生了： 我感到：
星期六	今天发生了： 我感到：
星期日	今天发生了： 我感到：

情绪小故事 4

我好像不用收集硬币，那就……
或许可以收集快乐给奶奶。
奶奶，可以给我一个罐子吗？
可以啊。
第一份快乐。
真好，希望我能
永远记得只要
努力也能成功……
与奶奶分享
的第一份
快乐！
小伙伴明白面对困难时放弃自己这并不对，并改正了这种行为。
开始努力学习……
与小伙伴分享这个故事，小伙伴听后，很感兴趣，想要给自己的亲人一份惊喜。
很快，一张张写满了感受和收获的小纸条，填满了罐子……
奶奶收到，充满了惊讶和开心。

第五课 我不害怕

问你怕什么

每个人都会害怕，有人害怕成绩不好被父母责骂，有人害怕同学不和自己玩，有人怕黑……

请你想一想，哪些东西和事情会让你感到害怕？

- 在家里，有什么东西是你害怕看见的？
- 在学校里，你不想看到什么？
- 你害怕见到什么小动物、小昆虫？
- 当你一个人的时候，会担心发生什么事？
- 你最担心发生什么事？
- 我会害怕：

并不是小孩子才容易害怕，大人也会害怕，他们也会遇到害怕的事情。

画出害怕

想一想，你的恐惧是什么颜色的？有什么形状？请把它画出来。

我的勇士勋章

课堂上，我们制作了属于自己的勇士勋章，在准备勇士勋章的过程中，我们想到了很多克服恐惧的方法、妙招。

现在，请你把没有放在勋章上的方法与妙招写在这里。

面对害怕，我可以……

面对害怕，我可以……

面对害怕，我可以……

情绪小故事 5

小圆有点路痴，但她一直不知道，所以她只是觉得自己方向感不好而已。
有一天，她爸爸有急事，不能接她放学，她只好自己回家。她看着路边的商店，自认为记住了……
走到一个分岔口，她看着越来越多的人，心里开始紧张害怕。
她四处张望，好像这条街道，已经走过一遍。
发现迷路了，小圆心里很慌，看着人群，她想起爸爸说过，遇到什么事要记得找大人帮忙。
但她也看过拐卖小孩子的新闻，只能强装镇定，问一个卖菜阿姨怎么走。
在阿姨的帮助，她找对了方向。
她终于回到家里，变得无比开心……

第六课 害羞也没关系

害羞心理小调查

下面哪些描述符合你的情况，如果你也会这样，请圈出分数“1”，如果你不会这样，请圈出分数“0”。将每题的分数相加计算总分，然后填写在“我的得分”方框内。

我上课时经常不敢举手、不敢回答问题。	1	0
我很少主动向老师提问题，即使有不懂的地方，也不敢问。	1	0
让我站在很多人面前讲话时，我常常紧张得说不出话来。	1	0
我很想跟别人交朋友，但是又担心对方会拒绝我。	1	0
当我看到认识的人，我常担心不知道跟他说什么，所以会悄悄躲开。	1	0
当老师点到我回答问题时，我常常会脸红。	1	0
在和别人说话的时候，我不太敢直视别人的眼睛。	1	0
跟不熟悉的人待在一起的时候，我感到紧张。	1	0

我的得分

害羞面面观

当我们感到害羞的时候，会有很多信号告诉别人，也告诉自己：“我正在害羞”。现在，请你跟随教师的讲解，写一写你的害羞信号吧！

	**生理反应**	**认知倾向**	**行为表现**
害羞的表现			
我希望别人这样帮助我			
缓解害羞的方法			

画出害羞

害羞就像“一朵不愿意开放的花儿”； 

害羞就像“躲进妈妈怀里的小鸡”； 

你的害羞是什么样子呢？请你画出来。

克服害羞帮帮卡

根据下面的建议，请你补充克服害羞的新方法。

事情发生前，可以告诉自己：

- 上台只有 5 分钟而已，又不是一直站在那里；
- 这次我准备好了，我可以做到；
- 紧张、担心、害怕都是正常的，同学们也面对一样的情形；
- 我是可以、有能力达成的；
- 对方拒绝我，我可以再找别人帮忙；
- 不去试试，怎么知道结果怎么样；
- 把自己的想法说出来，对方才会知道；
- 请你补充：

事情发生时，可以告诉自己：

- 我正在尽力做好这件事；
- 我已经完成一半了，就快结束了；
- 深呼吸，让自己试着放松一点；
- 再过一会儿就结束了，继续努力；
- 请你补充：

事情发生后，可以告诉自己：

- 我做到了；
- 不能一下子做到，但是我已经勇敢地踏出了第一步，我是有能力的；
- 我可以下一次再试着做做看；
- 并不是每个人都能在第一次就做到的；
- 记住这次哪里做错了，下次再做的时候修正就好了；
- 我已经尝试了，我在努力中，不要在意别人怎么说；
- 请你补充：

情绪小故事 6

木偶戏
小茗
小雅
小茗和小雅是一对好朋友，但在一开始，她们都不曾说过话，只当对方是陌生的邻居，这是为什么呢？因为她们都是容易害羞，不敢和陌生人说话，甚至对于外面的世界都不怎么敢踏足的人……
但在某一天，她们改变了……
一天，小茗看到小雅一个人在森林里坐着。
害怕小雅有危险的小茗，克服了羞涩，上前去找小雅。
小雅对于小茗的到来有些惊讶，但对于这个邻居还是有点印象。
在交谈中，小茗知道了小雅为什么独自坐着。原来小雅不敢举手去报名她想要参加的活动，但小雅又想去，无奈纠结下，她来森林散心，而小茗对于这个活动同样感兴趣，所以，她觉得或许她们可以一起参加，这样就有个同伴了，也就不会害怕了，小雅也同意了。
唱歌比赛
在这次的比赛中，虽然她们没有收获奖杯，但她们克服了自己内心的羞涩、胆怯，也成为了朋友……也许害羞是每个人都会有的，但克服后确能收获到意想不到的结果，也许结果有好有坏，但确能让人成长许多……

贴照片留念

感谢陪我一起参加“儿童情绪管理”课程的小伙伴！